侨务知识百问百答

《侨务知识百问百答》编写组 / 编

中国華僑出版社
·北京·

中国侨联文化交流部
中 国 华 侨 出 版 社
联合出版

目 录

文化教育 / 98

华侨农场 / 109

身份认定

问：华侨、华人、归侨、侨眷的概念是什么？

答：（1）华侨：是指定居在国外的中国公民。（2）归国华侨：是指回国定居的华侨。（3）侨眷：是指华侨、归侨在国内的眷属。包括：华侨、归侨的配偶，父母，子女及其配偶，兄弟姐妹，祖父母、外祖父母，孙子女、外孙子女，以及同华侨、归侨有长期扶养关系的其他亲属。（4）外籍华人：指原是华侨或华侨后裔，后已加入或已取得居住国国籍者。

问：华侨如何定义?

答：华侨是指定居在国外的中国公民。

（1）“定居”是指中国公民已取得住在国长期或者永久居留权，并已在住在国连续居留两年，两年内累计居留不少于18个月。

（2）中国公民虽未取得住在国长期或者永久居留权，但已取得住在国连续5年以上（含5年）合法居留资格，5年内在住在国累计居留不少于30个月，视为华侨。

（3）中国公民出国留学（包括公派和自费）在外学习期间，或因公务出国（包括外派劳务人员）在外工作期间，均不视为华侨。

问：归侨如何定义?

答：归侨是指回国定居的华侨。

(1)“回国定居”是指华侨放弃原住在国长期、永久或合法居留权并依法办理回国落户手续。

(2)外籍华人经批准恢复或取得中国国籍并依法办理来中国落户手续的，视为归侨。

问：侨眷如何定义?

答：侨眷是指华侨、归侨在国内的眷属。

（1）侨眷包括：华侨、归侨的配偶，父母，子女及其配偶，兄弟姐妹，祖父母、外祖父母，孙子女、外孙子女，以及同华侨、归侨有长期扶养关系的其他亲属。

（2）外籍华人在中国境内的具有中国国籍的眷属视为侨眷，其范围比照第（1）款。

广义的侨眷是指华侨、归侨在国内的眷属，《中华人民共和国归侨侨眷权益保护法》中的侨眷是指与华侨、归侨有着法律上的权利和义务关系的眷属，具体包括华侨、归侨的配偶，父母，子女及其配偶，兄弟姐妹，祖父母、外祖父母，孙子女、外孙子女，以及同华侨、归侨有长期扶养关系的其他亲属。

问：外籍华人如何定义?

答：外籍华人是指原是华侨或外籍华人后裔，后已加入或已取得居住国国籍者。

问：对华侨、归侨、华侨学生、归侨学生、侨眷、外籍华人身份如何界定?

答：（1）华侨：指定居国外的中国公民。（2）归国华侨：指回国定居的华侨，简称归侨。不论年龄大小和何时回国，都是归侨。来华定居的外籍华人，在恢复中国国籍后，也称归侨。（3）华侨学生：指回国学习未在国内定居的华侨。（4）归侨学生：指从国外回来定居就学的华侨，简称归侨学生。（5）侨眷：华侨、归侨的配偶，父母，子女及其配偶，兄弟姐妹，祖父母、外祖父母，孙子女、外孙子女，以及同华侨、归侨有长期扶养关系的其他亲属。华侨回国后，其国内眷属仍旧视为侨眷。外籍华人在华的具有中国国籍的眷属，与侨眷范围相等同（享受同等待遇）。（6）外籍华人：指原是华侨或华侨后裔，后已加入或已取得居住国国籍者。

问：确认侨眷身份的证明材料主要有哪些？

答：申请人要求认定侨眷身份须提供相关的证明材料。以上海市为例，办理确认侨眷身份时，申请人应提供亲属在国外定居的证明、与亲属关系的证明以及本人户籍。同华侨、归侨有长期扶养关系的亲属，须向区、县侨办提供公证机构出具的扶养公证。各地侨务部门对证明材料的要求略有不同，申请人可向当地有权审核认定的侨务工作机构咨询。

问：归侨、侨眷身份如何申请认定?

答：各地申请认定方式有所不同，本书以北京市为例。按照北京市政府侨务办公室的有关规定，办理确认归侨侨眷身份的手续，应该按如下程序进行：

确认归侨、侨眷身份，要以《中华人民共和国归侨侨眷权益保护法》中对华侨、归侨、侨眷的规定为依据。

需要确认归侨、侨眷身份的人员，先向所在单位提出书面申请。在市属和中央单位工作的，由申请人所在部、委、办、局、总公司、大专院校或中央司（局）级单位的侨务（统战）或组织、人事部门；在区、县属单位工作的，由其所在单位的上级主管单位的侨务（统战）或人事、组织部门，分别根据申请人档案和其他有效证明材料审查确认。之后，开具身份证明并填写相关登记表，一并报送申请人户籍所在地的区、县人民政府侨务工作机构。区、县人民政府侨务工作机构，根据申请人单位报送的材料进行复核认定。

外籍华人眷属身份的认定按上述程序办理。

确认侨眷或外籍华人眷属身份的有效证明材料，按照如下规定办理：(1)由归侨亲属构成的侨眷身份，归侨在外省市的，由归侨户籍所在地的省、自治区、直辖市人民政府侨务办公室负责审查并出具证明。(2)由华侨亲属构成的侨眷身份，由华侨提供我驻所在国使领馆出具的认证书。(3)由外籍华人亲属构成的外籍华人眷属身份，由外籍华人提供我驻所在国使领馆出具的认证书。

问：解放前曾在国外居住过的人员，能否确认其归侨身份？如何办理？

答：根据国务院侨务办公室《关于确认归国华侨身份的复函》(〔92〕侨内字第019号文件）规定，具备下列条件之一的，可认定其归侨身份：

（1）本人档案中有解放前在国外工作（国民党政府外派人员除外）1年以上的记录；

（2）解放前出国的留学生，本人档案中有在国外从事研究、教学、半工半读连续1年以上的记录；

（3）本人档案中有解放前在国外（不包括港澳）从事海员1年以上的记录。

确认归侨身份，必须由本人向工作单位提出书面申请，并经侨务部门审核确认。

问：华侨定义中“定居”的含义是什么？

答：国务院侨办 2009 年 4 月制定的《关于界定华侨外籍华人归侨侨眷身份的规定》中规定：

（1）“定居”是指中国公民已取得住在国长期或者永久居留权，并已在住在国连续居留两年，两年内累计居留不少于 18 个月。

（2）中国公民虽未取得住在国长期或者永久居留权，但已取得住在国连续 5 年以上（含 5 年）合法居留资格，5 年内在住在国累计居留不少于 30 个月，视为华侨。

问：因公务出国人员是否具有华侨身份？

答：因公务出国（包括外派劳务人员）在外工作期间，不视为华侨。

问：“定居”和“永久居留”有什么区别?

答：公安部、外交部联合签署的《外国人在中国永久居留审批管理办法》于2004年8月15日正式发布施行后，不再区分定居和永久居留，只有一个“永久居留”的概念。

在《外国人在中国永久居留审批管理办法》颁布实施前取得的定居或者是永久居留资格的外国人，在《外国人在中国永久居留审批管理办法》实施后，不需要再履行申请和审批手续，但需要到公安机关申请换领《外国人永久居留证》。

问：除侨联外，归侨侨眷可否参加或申请成立其他社会团体?

答：归侨、侨眷作为中国公民，享有《宪法》规定的结社自由，可以依法组织或参加法律允许组织的社会团体，例如组织或参加各种协会、学会、联合会、研究会、基金会、联谊会、促进会、商会、校友会等。成立社会团体，需要按照《社会团体登记管理条例》依法申请。

出入境

问：年老华人想在中国居住，哪些签证政策可提供便利?

答：中国公民和在中国具有《外国人永久居留证》的外国人的外籍配偶、父母及未满 18 周岁子女，年满 60 周岁在境外无直系亲属、投靠境内直系亲属的外国人，年满 60 周岁在华购置房产的外籍华人及其配偶和未满 18 周岁子女，入境后如需在签证有效期满后继续在华停留，可以在签证有效期满前向公安机关出入境管理部门申请延期，公安机关出入境管理部门将视情况签发有效期 6 个月或 1 年的签证，签发次数不限。

问：外籍华人来华办理签证居留享有哪些便利?

答：公安部推出便利措施，为外籍华人提供签证、居留便利。对来华探望亲属、洽谈商务、开展科教文卫交流活动及处理私人事务的外籍华人，公安机关出入境管理机构可按规定签发5年以内多次入境有效签证；对在当地工作、学习、探亲以及从事私人事务需长期居留的外籍华人，可按规定签发有效期5年以内的居留许可。

问：国家对华侨、外籍华人进境自用物品是否征收税款?

答：非居民长期旅客取得境内长期居留证件后方可申请进境自用物品，首次申请进境的自用物品海关予以免税，但按照《中华人民共和国海关对非居民长期旅客进出境自用物品监管办法》的规定准予进境的机动车辆和国家规定应当征税的20种商品除外（注：“20种商品”是指电视机、摄像机、录像机、放像机、音响设备、空调器、电冰箱/柜、洗衣机、照相机、复印机、程控电话交换机、微型计算机、电话机、无线寻呼系统、传真机、电子计算器、打印机及文字处理机、家具、灯具和餐料）。再次申请进境的自用物品，一律予以征税。对于应当征税的非居民长期旅客进境自用物品，海关按照《中华人民共和国进出口关税条例》的有关规定征收税款。根据政府间协定免税进境的非居民长期旅客自用物品，海关依法免征税款。

问:《中华人民共和国外国人入境出境管理条例》为海外华人提供了哪些便利?

答:《中华人民共和国外国人入境出境管理条例》针对海外华人的特点,专门设立了Q字(探亲)签证,主要发给申请入境探亲的海外华人,以便中国驻外使领馆对申请Q字签证的海外华人签发有效期、停留期较长的签证,为其回国探亲提供便利。同时,《条例》还专门设立了团聚类居留证件,主要发给因家庭团聚需要在中国境内居留的海外华人。

问：外籍华人申请办理中国签证，可以选择哪些签证种类？

答：外籍华人可以申请Q1字签证和Q2字签证。

Q1字签证的申请人范围是：因家庭团聚申请赴中国居留的中国公民的家庭成员（配偶、父母、子女、子女的配偶、兄弟姐妹、祖父母、外祖父母、孙子女、外孙子女以及配偶的父母）和具有中国永久居留资格的外国人的家庭成员，以及因寄养等原因申请入境居留的人员。

Q2字签证的申请人范围是：赴中国短期（不超过180天）探亲的居住在中国境内的中国公民的亲属和具有中国永久居留资格的外国人的亲属。

其他与外籍华人关系密切的签证种类还包括：R字签证、S1字签证和S2字签证。

R字签证的申请人范围是：中国需要的外国高层次人才和急需紧缺专门人才。

S1 字签证的申请人范围是：赴中国长期（超过 180 天）探亲的因工作、学习等事由在中国境内居留的外国人的配偶、父母、未满 18 周岁的子女、配偶的父母，以及因其他私人事务需要在中国境内居留的人员。

S2 字签证的申请人范围是：赴中国短期（不超过 180 天）探亲的因工作、学习等事由在中国境内停留居留的外国人的家庭成员以及因其他私人事务需要在中国境内停留的人员。

Q1、Q2、R、S1、S2 字签证均为 2013 年 9 月 1 日起实施的《中华人民共和国外国人入境出境管理条例》中新增设的签证种类。

问：外籍华人节假日期间因紧急情况来华，如何办理签证？

答：外国人入境，应当向中国的外交代表机关、领事机关或者外交部授权的其他驻外机关申请办理签证。对持有与中国有外交关系或者官方贸易往来国家普通护照的人员，因下列事由确需紧急来华而来不及在上述中国驻外机关申办签证的，也可以向公安机关口岸签证部门申请办理签证：

（1）中方临时决定邀请来华参加交易会的；

（2）应邀来华参加投标或者正式签订经贸合同的；

（3）按约来华监装出口、进口商检或者参加合同验收的；

（4）应邀参加设备安装或者工程抢修的；

（5）应中方要求来华解决索赔问题的；

（6）应邀来华提供科技咨询的；

（7）应邀来华团组办妥签证后，经中方同意临时增换的；

（8）看望危急病人或者处理丧事的；

（9）直接过境人员由于不可抗拒的原因不能在24小时内乘原机离境或者需改乘其他交通工具离境的；

（10）其他被邀请确实来不及在上述中国驻外机关申请签证，并持有指定的主管部门同意在口岸申办签证的函电的；

（11）经国家旅游局批准并注册的国际旅行社组织、接待的5人以上外国旅游团。

问：外籍华人申请办理S1字签证，需要提供哪些材料？

答：申请S1字签证，除签证基本申请材料外，还需提供：

（1）在中国境内居留的外国人出具的邀请函件。该邀请函须包含以下内容：

①被邀请人个人信息：姓名、性别、出生日期等；

②被邀请人访问信息：来华事由、拟抵达日期、拟居留地点、拟居留期限、与邀请人关系、费用来源等；

③邀请人信息：姓名、联系电话、地址、邀请人签字等。

（2）邀请人的护照及居留证件复印件。

（3）申请人与邀请人之间的亲属关系（配偶、父母、未满18周岁的子女、配偶的父母）证明（结婚证、出生证、公安派出所出具的亲属关系证明或亲属关系公证书等）原件和复印件。

问：外籍华人申请办理 S2 字签证，需要提供哪些材料？

答：申请 S2 字签证，除签证基本申请材料外，如系短期探亲，还需提供：

（1）邀请人（具体指因工作、学习等事由在中国境内停留居留的外国人）的护照及居留证件复印件。

（2）邀请人出具的邀请函件。该邀请函须包含以下内容：

①被邀请人个人信息：姓名、性别、出生日期等；

②被邀请人访问信息：来华事由、抵离日期、访问地点、与邀请人关系、费用来源等；

③邀请人信息：姓名、联系电话、地址、邀请人签字等。

（3）申请人与邀请人之间的家庭成员亲属关系（配偶、父母、子女、子女的配偶、兄弟姐妹、祖父母、外祖父母、孙子女、外孙子女以及配偶的父母）

证明（结婚证、出生证、公安派出所出具的亲属关系证明或亲属关系公证书等）复印件。

申请 S2 字签证，如系私人事务，还须根据领事馆官员要求提供有关私人事务证明材料。

问：外籍华人申请办理 R 字签证，需要提供哪些材料？

答：申请 R 字签证，除签证基本申请材料外，还需提供符合中国政府有关主管部门确定的外国高层次人才和急需紧缺专门人才引进条件和要求规定的相应的证明材料。

问：外籍华人申请办理 Q1 字签证，需要提供哪些材料？

答：签证的基本申请材料是护照、签证申请表及照片、合法停留或居留证明（适用于不在国籍国申请签证者）、原中国护照或原中国签证（适用于曾有中国国籍，后加入外国国籍者）。

申请 Q1 字签证，如系家庭团聚事由，还需提供：

（1）居住在中国境内的中国公民或具有中国永久居留资格的外国人出具的邀请函件，该邀请函须包含以下内容：

①被邀请人个人信息：姓名、性别、出生日期等；

②被邀请人访问信息：来华事由、拟抵达日期、拟居留地点、拟居留期限、与邀请人关系、费用来源等；

③邀请人信息：邀请人姓名、联系电话、地址、邀请人签字等。

（2）邀请人的中国身份证复印件或者外国人护照及永久居留证复印件。

（3）申请人与邀请人之间的家庭成员关系（配偶、父母、子女、子女的配偶、兄弟姐妹、祖父母、外祖父母、孙子女、外孙子女以及配偶的父母）证明（结婚证、出生证、公安派出所出具的亲属关系证明或亲属关系公证书等）原件和复印件。

申请 Q1 字签证，如系寄养事由，还需提供：

（1）中国驻外使领馆出具的寄养委托公证或经过所在国或中国公证认证的寄养委托书。

（2）委托人的护照原件、复印件及其与被寄养儿童的亲属关系证明（结婚证、出生证、公安派出所出具的亲属关系证明或亲属关系公证书等）。

（3）接受寄养的受托人出具的同意接受寄养函件及身份证复印件。

（4）寄养儿童的父母双方或者一方为中国公民的，还应提供儿童出生时中国籍父母在境外定居证明的复印件。

问：外籍华人申请办理 Q2 字签证，需要提供哪些材料？

答：申请 Q2 字签证，除签证基本申请材料外，还需提供：

（1）居住在中国境内的中国公民或具有中国永久居留资格的外国人出具的邀请函件，该邀请函须包含以下内容：

①被邀请人个人信息：姓名、性别、出生日期等；

②被邀请人访问信息：来华事由、抵离日期、访问地点、与邀请人关系、费用来源等；

③邀请人信息：姓名、联系电话、地址、邀请人签字等。

（2）邀请人的中国身份证复印件或外国人护照及永久居留证复印件。

问：我国公民可以通过哪些途径出国定居？

答：中国公民出国定居即移民到其他国家或地区，目前主要通过以下 6 种方式：

（1）亲属移民：即依靠亲属关系的身份和前往国家或地区的法律规定等办理定居手续的移民。如父母、子女、兄弟姐妹、配偶间的亲属关系，因婚姻而引起的亲属关系及因领养而产生的亲属关系，都可以构成亲属移民的条件。

（2）专业技术移民：也称独立移民，指专业技术人员，如专家、教授、工程师、工艺家及具有特殊专业技术才能的人员或在某一领域有重大贡献的人员，均可以自己的特殊技能为条件，申请专业技术移民。

（3）投资移民：即以自己的经济实力为条件，申请到另一国家投资办企业或商贸业等而达到在该国定居目的的独立移民。

（4）劳务移民：指具有一定技术技能的工人或农民，或者如厨师、技工、修理工等专门行业的人员，到另一国家或地区定居的移民。

（5）国籍归属移民：也称国籍认定移民。原出生地在外国的公民，由于其出生国的法律规定，凡在该国本土出生的公民即自然取得该国国籍。所以，如果他们自愿放弃已经取得的国籍而恢复出生地国籍，那么他们就成为国籍归属移民或国籍认定移民。

（6）转换签证移民：指获得非移民签证者，到达所在国后，由于某些特殊原因符合办理移民的条件，而被所在国批准将非移民签证转换为移民签证，即成为转换签证的移民。

问：我国《海关法》对个人携带出入境的行李物品有何规定?

答：《海关法》规定，个人携带进出境的行李物品、邮寄进出境的物品，应当以自用合理数量为限。所谓自用合理数量，对于行李物品而言，“自用”指的是旅客或者收件人本人自用、馈赠亲友而非为出售或出租，合理数量是物品规定的征、免税限值。自用合理数量原则是海关对进出境物品监管的基本原则，也是进出境物品报关的基本要求。

（1）公民出境携带行李物品免税数量与限值在限量和限值的范围内，允许携带下列物品：

①食品、衣料、衣着和价值人民币50元以下的其他生活用品。

②酒2瓶，烟600支。

③治疗常备用药，总值不得超过人民币200元。单一品种限合理数量，麝香、蟾酥不准带出，对当归、

枸杞、黄芪、肉桂、桂皮5种药材，如超出规定的免税量时，要征收出口税，人参、鹿茸各限200克。

④手表、收音机、自行车、电风扇各1件。

⑤电视机、收录音机、照相机、电冰箱、洗衣机等各1件。

（2）下列物品限制出境：

金银等贵重金属及其制品；国家货币；外币及其有价证券；无线电收发信机、通信保密机；贵重中药材；一般文物；海关限制出境的其他物品。

（3）公民入境免税物品限值数量：

①进境居民旅客携带在境外获取的个人自用进境物品，总值在5000元人民币以内（含5000元）的；非居民旅客携带拟留在中国境内的个人自用进境物品，总值在2000元人民币以内（含2000元）的，海关予以免税放行，单一品种限自用、合理数量，但烟草制品、酒精制品以及国家规定应当征税的20种商品等另按有关规定办理。

②进境居民旅客携带超出5000元人民币的个人自用进境物品，经海关审核确属自用的；进境非居民旅客携带拟留在中国境内的个人自用进境物品，超出人

民币 2000 元的，海关仅对超出部分的个人自用进境物品征税，对不可分割的单件物品，全额征税。

（4）下列物品禁止入境：

各种武器弹药和爆炸物品；各种伪造货币和伪造的有价证券；对中国政治、经济、文化、道德有害的任何物品；各种烈性毒药；鸦片、吗啡、海洛因、大麻以及其他能够使人成瘾的麻醉药品、精神药物等；带有危险性病菌、虫害及其他生物的动物、植物及其产品；有碍人畜健康的和来自疫区的以及其他能传播疾病的食品、药品或其他物品。

问：归侨、侨眷出境探亲有何照顾性规定?

答：归侨、侨眷职工到境外探望父母、配偶可享受带薪假期；父母已去世的归侨职工可以改探兄弟姐妹。符合上述探亲对象的归侨、侨眷职工可按照国务院关于职工探亲待遇的规定，报销其境内段（即从工作单位至出境口岸）的往返路费。

归侨、侨眷职工探望其他亲属，可以按照请事假的规定执行，根据归侨、侨眷探亲职工出境目的地国家和地区路途遥远、交通不便等诸多因素，在假期上予以适当照顾。

归侨、侨眷在获得前往国（地区）的入境签证前，所在工作单位或者学校不得因其申请出境而对其免职、辞退、解除劳动关系、停发工资或者责令退学，并且不得收取保证金、抵押金。

证件办理

问：海外华侨未申请外国国籍的，如何申请办理身份证?

答：根据《中华人民共和国归侨侨眷权益保护法》，香港同胞、澳门同胞、台湾同胞迁入内地定居的，华侨回国定居的，以及外国人、无国籍人在中华人民共和国境内定居并被批准加入或者恢复中华人民共和国国籍的，在办理常住户口登记时，应当依照该法规定申请领取居民身份证。

相关流程：

（1）由申请人本人向驻地市侨办提出申请，市侨办国内处初审后予以受理，由申请人填写《华侨回国定居申请表》(一式三份)；

（2）审批决定由省侨办发函至省公安局出入境管理部门联审会签；

（3）获准回国定居者，由省公安局出入境管理部门出具《华侨回国定居证》；

（4）公安派出所凭《华侨回国定居证》办理落户手续，包括办理身份证。

问：如何申请归侨身份？

答：申请归侨身份首先应满足下列条件：

（1）已回国定居且具备华侨身份；（2）放弃原住在国长期、永久或合法居留权。

华侨是指定居在国外的中国公民。定居是指中国公民已取得住在国长期或者永久居留权，并已在住在国连续居留两年，两年内累计居留不少于 18 个月。

其次，中国公民虽未取得住在国长期或者永久居留权，但已取得住在国连续 5 年以上（含 5 年）合法居留资格，5 年内在住在国累计居留不少于 30 个月，视为华侨。如果满足以上条件可向有关部门提出申请。

问：华侨能恢复中国户口和身份证吗？

答：可以申请办理华侨回国定居，向拟定居地的县级以上地方人民政府侨务部门提出申请，符合条件的，由省级或者市级人民政府侨务部门签发《华侨回国定居证》，华侨本人凭《华侨回国定居证》在拟定居地县级公安机关办理常住户口登记，领取居民身份证。

问：外籍华人申请中国“绿卡”需要提交哪些材料？

答：《外国人在中国永久居留审批管理办法》规定：申请人申请时需如实填写《外国人在中国永久居留申请表》，并提交下列材料：

（1）有效的外国护照或者能够代替护照的证件；

（2）中国政府指定的卫生检疫部门出具的或者经中国驻外使馆、领馆认证的外国卫生医疗机构签发的健康证明书；

（3）经中国驻外使馆、领馆认证的国外无犯罪记录证明；

（4）4张2英寸近期正面免冠彩色照片；

（5）《外国人在中国永久居留审批管理办法》规定的其他有关材料。

问：华侨想回国定居，应如何办理相关手续?

答：根据《中华人民共和国出境入境管理法》规定：定居国外的中国公民要求回国定居的，应当在入境前向中华人民共和国驻外使馆、领馆或者外交部委托的其他驻外机构提出申请，也可以由本人或者经由国内亲属向拟定居地的县级以上地方人民政府侨务部门提出申请。

根据《华侨回国定居办理工作规定》：华侨本人提出申请回国定居，应当提交回国定居申请表、自愿放弃国外居留资格声明书、出入境记录、有效护照或者旅行证及复印件、符合规定的照片、经驻外使（领）馆认证或者公证的华侨在国外的居留证明或者其他可以证明其居留事实的材料和与受理条件相关的其他证明材料。

华侨回国定居应当由华侨本人提出申请。华侨本人确因客观原因无法亲自办理的，可以委托亲属提出申请。亲属代为提出申请回国定居的，还应当提交受托人身份证明、经公证的亲属关系证明和委托书。

经批准回国定居的华侨，持《华侨回国定居证》，在有效期内到拟定居地县级公安机关，办理常住户口登记手续。《华侨回国定居证》的有效期为签发之日起6个月，逾期未办理的，需向受理机关重新申请办理《华侨回国定居证》。

问：华侨在国内办理银行业务需要哪些证件?

答：在银行办理个人开户，一般需要本人有效护照，也有些银行需要护照和国外长期或永久居留证件。例如，中国工商银行规定：在银行活期存款开户，持有本人有效身份证件，其中，居住在境内或境外的中国籍的华侨，可持中国护照；中国银行规定：办理外币储蓄存款业务，外国人、外籍华人、华侨的有效身份证件是护照。

对于华侨以外币兑换人民币的问题，中国人民银行《个人外汇管理办法实施问答》中明确规定，对持中华人民共和国护照及境外永久居留证的个人按境外个人进行管理，银行在为其办理结售汇业务时，在个人售汇管理信息系统中国别栏选择“中国”，“护照”栏中输入护照号码，在“备注”栏中输入永久居留证号码。对于仅持中华人民共和国护照的个人，不能办理个人结售汇业务。

问：华侨与国内居民如何办理结婚登记？

答：华侨与内地居民在中国内地结婚的，男女双方应当共同到内地居民常住户口所在地的婚姻登记机关办理结婚登记。

（1）办理结婚登记的内地居民应当出具下列证件和证明材料：

①本人的户口簿、身份证；

②本人无配偶以及与对方当事人没有直系血亲和三代以内旁系血亲关系的签字声明。

（2）办理结婚登记的华侨应当出具下列证件和证明材料：

①本人的有效护照；

②居住国公证机构或者有权机关出具的、经中华人民共和国驻该国使（领）馆认证的本人无配偶以及与对方当事人没有直系血亲和三代以内旁系血亲关系

的证明，或者中华人民共和国驻该国使（领）馆出具的本人无配偶以及与对方当事人没有直系血亲和三代以内旁系血亲关系的证明。

问：人在国外，身份证过期了，是否可以让国内家人代办，或直接在中国大使馆更换身份证？

答：根据居民身份证法的规定，未满 16 周岁的公民可以由监护人代为申请领取居民身份证，除此情形之外，都应由本人申领、换领、补领居民身份证。居民身份证由公安机关统一制作、发放，因此，需要本人在户籍所在地的公安派出所进行办理，中国驻外使馆、领馆没有办理居民身份证的职责。

问：华人取消了户口及身份证后，在中国办理固定资产、退休金、房产、自费医疗、旅游、产业、银行相关业务都需要个人证件，而外国护照在一些方面无法使用，该怎么解决?

答：根据中国国籍法的规定，中国不承认双重国籍，所以在取得外国国籍后就自动丧失了中国国籍。加入外国籍的原中国公民在中国境内的合法财产受法律保护，可以及时在相关部门进行信息变更登记。外国护照是在中国境内办理相关事务的身份证明，在办理信息变更登记时，需要按要求出具外国护照持有人与原中国居民身份证、中国护照持有人为同一人的有关证明和公证认证。

问：华侨在中国申请恢复户口领取中国身份证要填写一张自动放弃国外居留权的声明表格，同时必须签名。获得身份证后没有居住在中国，会自动取消中国身份证吗?

答：根据现行法律规定，华侨被批准回国定居的，可以申请领取居民身份证。在申请办理回国定居手续时，政府侨务部门会要求申请人提供放弃国外居留资格的声明书。居民身份证和户籍紧密联系，均属公安部门管理权限，如公安部门对户籍进行清理整顿，要求定居国外的公民注销户籍，则其居民身份证同时注销。

问：华侨华人可以在中国驻外使（领）馆办理遗嘱公证吗?

答：根据继承法的规定，遗嘱继承分为公证遗嘱、自书遗嘱和代书遗嘱。根据公证法的规定，驻外使领馆可以依照法律规定或者中国缔结或者参加的国际条约的规定，办理公证。因此，华侨可以在中国驻外使（领）馆办理遗嘱，但不能违反住在国有关法律规定。

问：出国 1 年以上人员是否需要注销户口?

答：公安部 2003 年 8 月 7 日公布的一项便民措施规定，取消出国、出境 1 年以上的人员注销户口的规定（在国外、境外定居的除外）。对于在国外、境外定居的人员，《中华人民共和国公民出境入境管理法实施细则》明确规定，居住国内的公民办妥前往国家的签证或者入境许可证件后，应当在出境前办理户口手续。出境定居的，须到当地公安派出所或者户籍办公室注销户口。

问：外籍华人长居国内，没有身份证造成生活不便，有类似证件可以办理吗？

答：从 2017 年 6 月开始，外国人永久居留证更名为“外国人永久居留身份证”，采用中国居民身份证的样式和技术标准，方便了持证人办理社会事务。

如符合外国人永久居留资格条件，可以申请办理外国人永久居留身份证。

问：为方便探亲、旅行等，如何快速简单办理手续取得中国身份证？

答：根据居民身份证法的规定，华侨被批准回国定居的，符合申请领取居民身份证的条件。

华侨办理回国定居，可以向拟定居地的县级以上地方人民政府侨务部门提出，符合条件的，由省级或者市级人民政府侨务部门签发《华侨回国定居证》，华侨本人凭《华侨回国定居证》在拟定居地县级公安机关办理常住户口登记，领取居民身份证。

问：华侨在境外，中国护照遗失、被偷、被抢后怎么办?

答：应立即向所在国当地警察部门报失，以便向所在国移民局申请出境签证时备用，同时持有关本人身份材料和照片向我驻外使馆或领馆申请补发护照或旅行证，以便回国使用。

问：中国驻外使馆或领馆可否为中国公民办理婚姻登记？

答：中华人民共和国驻外使（领）馆可以依照我国《婚姻登记条例》的有关规定，为男女双方均居住在驻在国的中国公民办理婚姻登记。

问：华侨、华人持境外机动车驾驶证能否在境内驾驶机动车?

答：不能。根据公安部《机动车驾驶证申领和使用规定》规定：持境外机动车驾驶证的人申请机动车驾驶证，应当填写《机动车驾驶证申请表》，并提交以下证明、凭证：申请人的身份证明、县级以上医疗机构出具的有关身体条件的证明、所持机动车驾驶证等。

持境外机动车驾驶证申请机动车驾驶证的，应当考试科目一。申请准驾车型为大型客车、牵引车、城市公交车、中型客车、大型货车机动车驾驶证的，还应当考试科目三。

问：华侨和归侨医务工作者持外国医师资格证明在华行医有何政策？

答：华侨取得国外合法医师资格，拟短期回国行医的，持侨务部门出具的有效证明，可参照《外国医师来华短期行医暂行管理办法》的有关规定执行。

华侨及归侨取得国外医学学历，其学历学位证书经教育部留学服务中心论证，符合《中华人民共和国执业医师法》及其有关文件规定的，可以报名参加医师资格考试。

问：华侨回国工作、定居，应如何办理户籍手续?

答：华侨要求回国工作，应当向中国劳动、人事部门或者聘请、雇用单位提出申请，持经过中国劳动、人事部门核准的聘用、雇用证明，入境后到当地公安机关办理常住户口登记手续。经批准回国定居的华侨，入境抵达定居地后，应当在 30 天内凭《华侨回国定居证》向当地公安机关办理落户手续。

问：外国驻华使馆为华侨、外籍华人出具的公证是否有效?

答：有效。改革开放以来，办理华侨在国内的事务以及归侨侨眷办理有关手续（如身份认定、子女升学等）所涉及的公证、认证，按规定，均要求当事人向国内有关部门提供由我驻外使馆或者领馆出具的公证、认证。

为方便临时入境的华侨华人和归侨侨眷急需办理此类公证，并考虑到与国际惯例的衔接，外交部与国务院侨办做出规定：根据《维也纳领事关系公约》，中国与一些国家双边领事协定有关规定的原则及国际惯例，外国驻华使（领）馆为其本国公民出具的公证书，或经外国驻华使（领）馆认证的其本国主管当局所颁发的文书，如不违反我国法律、政策和规定，可以直接在我国使用。外国驻华使馆或者领馆为华人、华侨出具的公证也适用此规定。

社会保障

问：持国外绿卡回国工作的人员能否参加国内社保?

答：《关于取得国外永久性居民身份证回国工作人员在国内工作期间有关社会保险问题的函》指出，对于取得国外永久性居民身份证的人员回国工作，凡同国内用人单位建立劳动关系的，应按规定参加企业所在地的社会保险，缴纳社会保险费，并享受相应待遇。

问：华侨参加国内社会保险有什么政策规定？

答：《劳动和社会保障部办公厅关于取得国外永久性居民身份证回国工作人员在国内工作期间有关社会保险问题的复函》（劳社厅函〔2001〕198号）规定："对于取得国外永久性居民身份证的人员回国工作，凡同国内企业建立劳动关系的，应按规定参加企业所在地的社会保险，缴纳社会保险费，并享受相应待遇。这些人员同国内企业解除劳动关系并离境时，社会保险经办机构应当终止其社会保险关系，并根据职工申请，对参加基本养老保险，且不符合领取基本养老金条件的，将其基本养老保险个人账户的储存额一次性支付给本人；参加基本医疗保险的，将其个人账户结余部分一次性退给本人；参加失业保险的，单位和个人此前缴纳的失业保险费不予退还。"

问：中国对生活困难的归侨、侨眷有何保障措施？

答：《中华人民共和国归侨侨眷权益保护法实施办法》和相关政策解释规定，对生活确有困难的归侨、侨眷，地方人民政府应当给予救济；对有劳动生产能力但缺少资金、技能或就业门路的归侨、侨眷，地方人民政府应当在生产、就业方面给予扶持。对丧失劳动能力又无经济来源的归侨、侨眷，应依法保障其基本生活；尚未建立最低生活保障制度的，应给予救济补助以保证其基本生活。

问：对散居农村的归侨、侨眷有何扶贫新举措?

答：为做好散居农村归侨、侨眷的扶贫工作，2007 年 4 月，国务院侨办和扶贫开发领导小组办公室联合下发了《关于将散居农村贫困归侨侨眷纳入扶贫规划的通知》。《通知》要求各省（区、市）侨办和扶贫办要高度重视，深入开展调查研究，共同做好散居农村贫困归侨、侨眷人数、分布等情况的调查摸底，结合本地实际，将符合条件的散居农村的贫困归侨、侨眷全部纳入当地扶贫开发规划，统筹安排，一并实施。

在整村推进、贫困户劳动力转移培训、产业化扶贫等扶贫工作和措施中，对散居在农村的贫困归侨、侨眷实行同等优先，优先列入规划，优先安排扶贫资金，优先实施扶贫项目。

问：华侨怎样参加国内社会保险?

答：2009年9月，人力资源和社会保障部办公厅下发了《关于进一步做好在国内就业的华侨参加社会保险有关工作的通知》(人社厅发〔2009〕118号)。《通知》规定：

（1）聘雇华侨人员的用人单位，可持华侨本人的有效护照等证明材料及时到当地社会保险经办机构为其办理参保登记手续，建立社会保险关系。在国内灵活就业的华侨人员，可持本人有效护照等，按照个体身份人员参保办法到所在地社会保险经办机构办理参保缴费手续。华侨参加社会保险的各项业务办理程序与国内其他参保人员一致。

（2）首次参保或已办理终止国内的社会保险关系手续后再次回国就业并参保的华侨人员，社会保险经办机构根据《参保华侨社会保障号码编制规则》

为其建立社会保障号码，并在信息系统中做专门的参保标识。

（3）按规定符合享受社会保险待遇申领条件的华侨参保人员，可持本人有效护照等办理领取社会保险待遇手续。在境外居住的，经向社会保险经办机构申请，其社会保险待遇可委托亲属或他人代领；或应本人要求，由社会保险经办机构将应领取的人民币兑换成本人选择的国内可兑换的外汇币种，汇至华侨实际居住国，相关费用由个人负担。境外居住的华侨应每年向负责支付其养老保险待遇的社会保险经办机构提供一次由我驻外使（领）馆或居住国主管部门、公证机关出具的健在证明的公证、认证等证明。

问：国内工作多年后入外籍，现能否再回中国申请养老金和医疗保险？

答：根据规定，在中国境内就业的华侨、外籍华人，可以依法参加包括养老保险、医疗保险在内的社会保险，符合享受社会保险待遇条件的，可以领取社会保险待遇。

如在出国前已经参加城镇职工养老保险并保留养老保险关系和个人账户的，再次回国就业并重新参加基本养老保险后，新、老养老保险关系可以续接。

如在出国前已经办理离职手续或者终止社会保险关系的，无论是华侨还是外籍华人，都不符合享受社会保险待遇的条件。

问：外籍华人可以回中国申请养老金和医疗保险吗?

答：根据规定，在中国境内就业的华侨、外籍华人，可以依法参加包括养老保险、医疗保险在内的社会保险，符合享受社会保险待遇条件的，可以领取社会保险待遇。如在出国前已经参加城镇职工养老保险并保留养老保险关系和个人账户的，再次回国就业并重新参加基本养老保险后，新、老养老保险关系可以续接。如在出国前已经办理离职手续或者终止社会保险关系的，无论是华侨还是外籍华人，都不符合享受社会保险待遇的条件。

问：外籍华人年老无法回国，退休工资应该怎么领取?

答：外籍华人可以在境外享受按月领取社会保险待遇，但应当至少每年向负责支付待遇的社会保险经办机构提供一次由中国驻外使馆、领馆出具的生存证明。外籍华人也可以向社会保险经办机构提出申请，委托在中国境内的亲属或他人代领社会保险待遇。

问：出境定居的归侨、侨眷，其住房公积金能否提取？

答：根据《住房公积金管理条例》第二十四条规定，出境定居的职工可以提取住房公积金账户内的存储余额，同时注销职工住房公积金账户。

问：华侨在中国就医都有哪些政策？

答： 根据《国家发展计划委员会、卫生部、外交部关于取消对境内外患者实行两种医疗服务收费标准的通知》统一境内外患者医疗服务收费标准（以下简称“统一收费标准”）。

境内外患者在医疗机构就诊时，可自愿选择普通医疗服务或特需医疗服务，医疗机构不得诱导或强制患者接受特需医疗服务，不得对境外患者进行价格歧视。

有关部门接待的外国宾客、台湾同胞、澳门同胞、海外华侨和华人以及香港特别行政区居民，如需要在医疗费用方面给予照顾的，其费用由接待单位支付。在华外国专家（国家外国专家局系统）及来华留学生的医疗费用支付和结算渠道不变。

已出境定居的离休、退休、退职人员临时入境就医，如属长期领取离休、退休、退职待遇的，其医疗费可由支付待遇的单位，按公费医疗或劳保医疗待遇的规定予以报销。

对于没有居民身份证的华侨来说，回国就医时可用中国护照证明身份，办理挂号等手续。

对此，《中华人民共和国出境入境管理法》第十四条有明确规定："定居国外的中国公民在中国境内办理金融、教育、医疗、交通、电信、社会保险、财产登记等事务需要提供身份证明的，可以凭本人的护照证明其身份。"

问：华侨在国内收养子女应具备哪些条件？

答：中国法律保护合法的收养关系，并确认养父母和养子女的权利和义务。根据我国实际情况和现行有关法律和政策的规定，华侨在国内收养子女应同时具备下列条件：

（1）无子女（收养三代以内同辈旁系血亲的子女可以不受收养人无子女的限制）；

（2）有抚养教育被收养人的能力；

（3）未患有医学上认为不应当收养子女的疾病；

（4）年满30周岁（无配偶的男性收养女性的，收养人与被收养人的年龄应相差40周岁以上）。

华侨来国内收养子女，应当到被收养人常住户口所在地的直辖市、设区的市、自治州人民政府民政部门或者地市（盟）民政部门申请办理收养登记。

问：国家对征用拆迁华侨私房有何规定？

答：《中华人民共和国归侨侨眷权益保护法》规定：国家依法保护归侨、侨眷在国内私有房屋的所有权。依法征收、征用、拆迁归侨、侨眷私有房屋的，建设单位应当按照国家有关规定给予合理补偿和妥善安置。

《中华人民共和国归侨侨眷权益保护法实施办法》规定：国家依法保护归侨、侨眷在国内私有房屋的所有权。归侨、侨眷对其私有房屋，依法享有占有、使用、收益和处分的权利，任何组织或者个人不得侵犯。依法拆迁归侨、侨眷私有房屋的，拆迁人应当按照国家有关房屋拆迁管理的规定给予货币补偿或者实行房屋产权调换。

为了保护公民的不动产所有权，近年来，国家出台了《物权法》《城市房地产管理法》《国有土地上房屋征收与补偿条例》等法律和行政法规，加大对公民私有房屋等物权的保护，为依法征用拆迁华侨私房提供了法律保障。

问：归侨、侨眷职工出境定居，按规定领取的社会保险金等是否可以携带出境?

答：归侨、侨眷职工出境定居，其领取的社会保险金、住房公积金可以按规定兑换外汇，汇出或携带出境。

问：归侨、侨眷在国外的权益如何保护？

答：按照《中华人民共和国归侨侨眷权益保护法实施办法》规定，我国驻外国的外交（领事）机构根据我国缔结或者参加的国际条约或者国际惯例，保护归侨、侨眷在境外的正当权益。

归侨、侨眷在境外有养老金、抚恤金等需要领取的，我国驻外国的外交（领事）机构可以根据其请求提供必要的协助。

问：社区侨务工作有哪些工作职能？

答：（1）贯彻落实党的各项侨务政策，依法维护归侨侨眷、海外侨胞、港澳同胞在国内合法权益；（2）联系海外侨胞、港澳同胞，宣传我国和我省改革开放形势；（3）摸清辖区内侨情，统计数据，建立资料档案，出具侨胞和归侨侨眷身份证明；（4）受理来信来访，提供咨询和法律援助，为侨排忧解难；（5）服务基层经济建设和社会主义精神文明建设；（6）发展文化交流和经济往来；（7）扶贫济困，实施党对归侨侨眷“适当照顾”政策；（8）组织辖区内侨胞、港澳同胞开展各种形式的交流和活动；（9）协助镇、街、居委、村党组织开展各种形式的交流和活动；（10）贯彻落实各个时期侨务工作以及上级政府布置的工作任务。

问：出境定居的归侨、侨眷如何享受一次性离职费？

答：一次性离职费是基本养老保险制度建立之前，对归侨、侨眷职工因出境定居终止劳动关系，不再享受退休待遇而由企业支付的一次性补助金。社会保险制度建立后，对不符合国家规定退休条件的归侨、侨眷职工获准出境定居的，按照国家有关规定办理终止劳动关系手续时，支付一次性离职费应根据职工参加社会保险统筹情况区别对待。

职工已经参加基本养老保险、基本医疗保险的，由社会保险经办机构按照规定将其基本养老保险个人账户储存额一次性支付给本人，并一次性结清其医疗保险个人账户，终止其基本养老保险、基本医疗保险关系；对职工在建立基本养老保险个人账户之前本企业的实际工作年限，仍由用人单位比照国务院侨办、劳动人事部、财政部《关于归侨、侨眷职工因私事出境的假期、工资等问题的规定》(〔83〕侨政会字第007号)支付职工一次性离职费。

职工未参加社会保险统筹的，用人单位继续按照国务院侨办、劳动人事部、财政部《关于归侨、侨眷职工因私事出境的假期、工资等问题的规定》(〔83〕侨政会字第007号)支付职工一次性离职费。

政策法规

问：国家有哪些主要涉侨法律法规？

答：《中华人民共和国宪法》

1980 年 9 月颁布的《中华人民共和国国籍法》

1990 年 9 月颁布的《中华人民共和国归侨侨眷权益保护法》

《中华人民共和国归侨侨眷权益保护法实施办法》

1999 年 6 月颁布的《中华人民共和国公益事业捐赠法》

2006 年 4 月颁布的《中华人民共和国护照法》

2012 年 6 月颁布的《中华人民共和国出境入境管理法》

2013 年 7 月颁布的《中华人民共和国外国人入境出境管理条例》

问：我国政府对华侨国籍问题的基本政策是什么？

答：我国政府不承认双重国籍。《中华人民共和国国籍法》第三条规定："中华人民共和国不承认中国公民具有双重国籍。"第九条规定："定居国外的中国公民，自愿加入或取得外国国籍的，即自动丧失中国国籍。"

自愿加入或取得外国国籍的就是外国公民，应享受其国籍所属国的公民权利和尽其国籍所属国公民的义务。对保留中国国籍的，中国政府要求他们遵守住在国法律，尊重当地社会民族宗教习俗，与当地人民和睦相处，团结互助，为住在国发展发挥积极作用。

问：对华侨在国内的计划生育政策有什么规定?

答：2009 年 12 月，国务院侨办会同国家人口计生委、公安部印发《关于涉侨计划生育政策的若干意见》。《意见》规定：中国内地居民与华侨结婚在中国内地生育，应遵守其户口所在地人口与计划生育的有关规定。如所生育的子女均在境外定居，可在中国内地再生育子女。中国内地居民与华侨结婚在境外生育子女且该子女拟回中国内地定居的，应遵守其户口所在地人口与计划生育的有关规定。如果在境外不符合其户口所在地人口与计划生育有关生育数量规定生育子女，且该子女回中国内地定居的，应依法缴纳社会抚养费。夫妻双方均为华侨，已生育的子女均在境外定居的，在中国内地可按政策规定再生育子女，并按照有关规定在其父或母原户籍地办理落户。

2015 年 10 月，十八届五中全会明确了全面实施一对夫妇可生育两个孩子政策。涉及华侨的计划生育政策，应按所在地人口与计划生育新的政策规定执行。

问：夫妇一方为中国公民，其配偶是外籍华人的，执行什么样的生育政策?

答：按照国家计划生育委员会《关于中国内地居民涉外生育问题》的规定：

（1）中国内地居民与外国人结婚后在内地生育的，执行中国内地居民一方户口所在地有关生育政策的规定。中国内地居民与外国人结婚生育，在执行中国有关生育政策的规定时，外国人一方结婚前已有的子女以及内地居民与外国人结婚后生育的子女，不在内地定居的，不计算该子女数。

（2）中国内地居民与外国人结婚后，要求在内地生育并符合上述规定的，须出具具有法律效力的婚姻状况证明和生育状况证明，由中国内地居民一方按其户口所在地有关计划生育的法规和规定办理有关生育手续。

（3）中国内地居民与外国人结婚后，符合规定的生育条件，但未办理有关生育手续而生育子女的，补办有关生育手续后免予处理；未婚生育第一个子女的，补办结婚登记和有关生育手续后，减轻或免予处理。

问：对做好海外侨胞等举报控告申述工作有哪些规定？

答：最高人民检察院要求，对于香港、澳门、台湾居民和海外侨胞通过来信来访向人民检察院提出的举报、控告、申诉等，各级检察机关都要热情接待，认真负责地做好受理工作；对于属于检察机关管辖的案件，要认真进行审查，该立案的要及时立案并抓紧办理，案件办结后及时做好反馈工作。依法不应当立案的，要将不立案的原因通知举报人、控告人或申诉人；对于不属于检察机关管辖的案件，要及时移送主管机关处理，并且依法通告举报人、控告人或申诉人。

2018年3月，最高人民法院和中国侨联下发了《关于在部分地区开展多元化解涉侨纠纷试点工作的意见》（以下简称《意见》）。《意见》决定在吉林、上海、江苏、浙江、安徽、福建、湖南、广东、广西、海南、云南11省（自治区、直辖市）开展涉侨纠纷多元化解试点工作。

《意见》立足新时代、新思想、新矛盾、新方略，发挥侨联组织政治性、先进性、群众性的特点和优势，从总体要求、完善体系、健全机制、保障队伍、组织领导等方面进行规定，通过建立涉侨调解组织，运用法律规则、行规习惯、善良风俗、公平正义观念，在尊重当事人主体地位和主导作用的基础上，力争以最俭省的方式最快实现双方当事人利益的最大化，实现纠纷的一揽子解决。同时积极打造双方当事人的利益共同体，努力使当事人在物质利益与非物质利益、眼前利益与长远利益之间实现各取所需、利益均沾、包容互惠，进而增强海内外中华儿女凝聚力向心力，共同致力于中华民族伟大复兴。

问：侨务工作的“三个坚持”是什么？

答：（1）坚持以人为本，为侨服务的宗旨；（2）坚持以国内侨务工作为基础，以国外侨务工作为主导；（3）坚持为国家大局服务和为侨服务的统一。

问：侨务工作的五条基本原则是什么？

答：(1)“三有利”的原则：有利于海外侨胞的长期生存和发展，有利于发展我国同海外侨胞住在国的友好合作关系，有利于推进我国现代化建设和祖国统一；(2)区别华侨华人国籍界限的原则；(3)公开合法的原则；(4)积极稳妥的原则；(5)“一视同仁，不得歧视，根据特点，适当照顾”的原则。

问：侨务工作的三个“大有作为”是什么?

答：（1）在凝聚侨心、发挥侨力，为实现全面建设小康社会的宏伟目标做贡献方面，侨务工作大有作为；（2）在反对和遏制“台独”分裂势力，推动祖国和平统一进程方面，侨务工作大有可为；（3）在开展民间外交、传播中华优秀文化、扩大中国人民与世界各国人民友好交往方面，侨务工作大有作为。

问：侨务工作需处理好的五个关系是什么?

答：（1）正确认识和处理侨务工作为国家大局服务与为侨服务的关系；（2）正确认识和处理国内侨务工作和国外侨务工作的关系；（3）正确认识和处理华侨工作与外籍华人工作的关系；（4）正确认识和处理维护侨胞权益与发展同侨胞住在国友谊的关系；（5）正确认识和处理侨务工作原则性与灵活性的关系。

问：侨务工作的“十六字方针”是什么？

答：一视同仁，不得歧视，根据特点，适当照顾。

问：侨务调研宣传工作的“三个贴近”是什么?

答：(1)贴近海内外侨情；(2)贴近侨务工作对象；(3)贴近侨务工作实际。

问：社区侨务工作“五有”的要求是什么?

答：有组织、有队伍、有经费、有阵地、有活动。

问：归侨与华侨可以参加人大代表选举吗?

答：归侨与华侨可以参加人大代表选举。省级人民代表大会以及归侨人数较多的区、县和乡、镇人民代表大会应当有适当名额的归侨代表。各级侨联可以依法推荐归侨代表候选人。区、县或者乡、镇人民代表大会代表选举期间，在本市的华侨可以在本市原籍地或者出国前居住地依法参加选举。

问：归侨人大代表如何产生?

答：归国华侨是中国社会主义事业建设中的一支重要力量，党和国家历来十分重视归国华侨在国家政治、经济、文化和社会生活中所发挥的作用。1953 年新中国颁布的第一部《选举法》就规定，归侨单独进行选举，选举办法另订。1979 年修改后的选举法仍沿用 1953 年的规定。

实践表明，归侨难以单独进行选举，实际上只能在地区选举中，从归侨中产生，不好另订选举办法。因此，1982 年修改选举法时，将此改为全国人民代表大会和归侨人数较多的地区的地方人民代表大会，应有适当名额的归侨代表。这样规定，归侨代表按地区产生，不仅易于操作，同时也能更好地反映改革开放以来我国归侨队伍不断壮大，归侨在国家政治生活中地位日益提高的实际情况。

问：国家对侨汇的政策是什么?

答：1955 年 2 月 23 日，国务院签发了《关于贯彻保护侨汇政策的命令》：

（1）侨汇是侨眷的合法收入，国家保护侨汇政策不仅是国家当前的政策，而且是国家的长远政策。

（2）在动员侨眷参加各种合作社，进行爱国储蓄，购买公债时，必须贯彻完全自愿的原则。任何个人或团体不得向侨眷强迫借贷，不得积压侨汇，不得擅自检查侨批和以任何借口变相侵犯侨汇。凡有侵犯侨汇事情发生，必须分别情节论处；对于有意挪用、侵吞、冒领、盗取侨汇和敲诈侨眷的不法分子，必须依法制裁。

（3）侨眷有使用侨汇的自由，任何人对侨眷把侨汇用于生活方面，包括用于举办婚、丧、喜、庆等事，不得干涉。

（4）国家鼓励华侨和侨眷把侨汇投入生产或者向国家投资公司入股，同时鼓励华侨、侨眷修建房屋，各级地方国家行政机关对此应给予便利。华侨素来热心家乡公益事业，如兴办学校医院、兴修水利、造桥、修路等，各级地方国家行政机关对此应表示关怀，并给予指导、帮助，必要时予以表扬。

2004 年重新修订执行的《中华人民共和国归侨侨眷权益保护法实施办法》也再次申明侨汇是归侨、侨眷的合法收入，其所有权受法律保护。北京、河南、上海等地依据此法制定实施办法，对以侨汇捐赠、建房、投资、税收等细节都制定了优惠、照顾的规定。

文化教育

问："三侨生"的概念是什么？

答：三侨生：是指入学考试中为归侨，或归侨子女，或华侨在国内的子女的考生。三侨生升学享受哪些待遇？（1）报考普通高等院校，在原始分基础上加5分；（2）报考成人高校大专、本科，在原始分基础上加30分，大专毕业生报考成人高校本科，在原始分基础上加20分；（3）报考高中（包括中专、职校、技校），在原始分基础上加8分。

问：如何出具“三侨生”身份认定证明？

答：归侨青年和归侨子女的身份证明由市侨联出具，华侨在国内子女的身份证明由申请人户口所在地的区（县）侨办出具。

出具证明时，申请人需提供以下证明材料：（1）归侨青年需提供本人的归侨证；（2）归侨子女需提供父（母）的归侨证以及本人与父（母）的关系证明；（3）华侨在国内的子女需提供我国驻外使馆、领馆出具的父（母）华侨身份证明及本人在本市的户籍证明。本人与父（母）的关系公证或证明。

问："三侨生"升学有哪些照顾政策?

答：（1）归侨青年、归侨子女、华侨在国内的子女报考大专院校和中等专业学校，统考成绩达到当地规定的分数线的，可照顾录取。报考暨南大学和华侨大学的，统考总分略低于当地规定分数线的，可根据情况照顾录取。

（2）高考未被录取的归侨子女、华侨在国内的子女，如愿继续报考，可留原校补习一年。有条件的地方，侨办或侨联可举办归侨、侨眷子女补习班，教育部门在师资、教材等方面积极给予支持。

（3）归侨子女、华侨在国内的子女报考中学（包括重点中学）、职业学校的，应给予适当照顾。具体照顾办法由各地根据实际情况确定。

（4）对归侨、归侨子女报考技工学校、电视大学、函授大学、夜大学，要求相关学校在不影响教育质量的前提下，对他们在录取标准上适当给予照顾。

（5）本着与内地学生一视同仁、适当照顾的原则，对华侨，台湾、港澳青年进入普通学校进行进修、插班、旁听学习给予适当照顾。

问：暨南大学、华侨大学在招收华侨华人学生方面有哪些政策?

答：《教育部高校学生司、国务院侨办文教宣传司关于暨南大学、华侨大学有关招生工作的通知》规定如下：

（1）两校在有关省（自治区、直辖市）主要招收归侨学生、归侨子女、华侨子女和台籍青年。凡志愿填报两校的“四种考生”，其高考总分低于所报学校调档分数线 20 分以内，省级招办可予以投档，由学校择优录取。在招收完符合调档要求的上述考生后，若仍有招生计划，也可招收其他考生，以保证招生计划的完成。

（2）华侨大学继续在“四种考生”内招收预科生。预科生招生计划由国务院侨办文教宣传司根据当年生源情况下达有关省（自治区、直辖市），并报教育部高技学生司备案。预科生的招生办法参照教育部的有关规定执行。

问：华侨子女能回国接受义务教育吗？

答：2009年印发的《国务院侨办、教育部关于华侨子女回国接受义务教育相关问题的规定》规定，今后华侨子女如果想回国接受义务教育，将与大陆居民的子女一样，依法免缴学杂费。

规定要求，接受华侨子女的学校，要积极做好华侨子女的教育培养工作，学校不得以任何名义和形式设立针对华侨子女的收费项目或提高收费标准。按照这一规定，华侨子女今后在其国内监护人户口所在地就读公办义务教育学校的，将视同当地居民子女办理入学手续。

此规定所指的华侨子女，是指定居海外的中国公民的适龄子女。

在国内监护人的选择上，按照父母；祖父母、外祖父母；兄、姐；关系密切的其他亲属、朋友的顺序确定。

此规定不适用于回国就读外籍子女学校或民办学校的华侨子女。

关于就读材料的提供，各省（区、市）可根据实际情况研究并制定具体办法。对于外籍华人子女来华接受义务教育的，各省（区、市）可按照规定精神，结合各地实际情况研究决定。

问：华侨学生报考内地高校每年何时报名？应到哪里报名？如何办理报名手续？

答：一般是在每年的3月下旬至4月下旬间。考生可以在北京市、上海市、福建省、广东省及香港、澳门特别行政区报名。国外的华侨考生可向中国驻外使（领）馆提出申请，经使（领）馆推荐报名。

各报名站备有《考试大纲》，考生可径往索购。报名时，考生须提交本人学历证明、高中各学年学习成绩单副本（应届高中毕业生可在报到时补缴最后一学年的成绩单）、居住所在地身份证明（交副本）及1寸正面半身免冠照片2张，并缴付报名考试费。不便前往报名站者，可用通信形式报名。

问：华侨学生如何在国内接受高中阶段教育?

答：华侨学生可以在其父母出国前或其祖父母、外祖父母户籍所在地进行身份认定并参加高中阶段学校考试招生，与当地户籍学生享受同等政策，被高中阶段学校录取的华侨学生应按照规定缴纳学费，收费标准与当地学生一致。

问：从小在中国读书的外籍华人能参加高考吗?

答：按照普通高考报名办法的要求，包括外籍华人在内的外国人参加高考，需要符合报名条件并持公安机关签发的外国人永久居留证。具体条件可咨询考生所在地的教育行政部门或者招生委员会办公室。

问：国内关于华侨学生奖学金有哪些政策?

答：中央财政安排专项资金设立华侨学生奖（助）学金，专门用于奖励、资助到国内普通高校学习的全日制华侨专科生、本科生、研究生。华侨学生奖（助）学金设在中国教育发展基金会，由教育部归口管理。奖（助）学金的年度资金总额、奖励、资助范围、标准、发放方法由教育部、财政部具体制定。

华侨农场

问：关于华侨农（林）场归（难）侨基本养老保险有何政策？

答：《关于做好华侨农（林）场归（难）侨基本养老保险统筹工作的通知》规定，从1999年10月1日起，华侨农（林）场及归（难）侨职工要按照地方政府规定的缴费比例，按时足额缴纳基本养老保险费，缴费收入不足支付归（难）侨退休人员基本养老金部分，中央财政按照60%的比例给予适当补助，另外的40%由地方政府负责解决。

问：对华侨农（林）场的学校、医院管理体制的改革有何规定?

答：由于历史原因，华侨农（林）场一直承担着企业办社会的职能，社会性、政策性支出负担沉重，在一定程度上制约了农（林）场的发展。《归侨侨眷权益保护法实施办法》明确规定："在安置归侨的农场、林场等企业所在的地方设置的学校、医疗保健机构，应当纳入地方人民政府的教育、卫生规划，统一管理。"

问：对华侨农（林）场职工纳入地方基本养老体系有何具体规定?

答：华侨农（林）场职工参加基本养老保险依照《关于农垦企业参加企业职工基本养老保险有关问题的通知》的精神执行，具体规定如下：

从事非农业生产的企业和职工，执行当地统一的企业职工基本养老保险政策；从事农业生产的企业和职工，实行符合农业生产特点的参保办法。

农垦企业参加基本养老保险原则上实行属地管理。对于规模较大、跨行政区域分布的企业，可作为一个单位参加地市级或省本级的基本养老保险。实行省内垂直管理的农垦企业，也可以作为一个单位参加基本养老保险，并由省级管理。

农垦企业参加基本养老保险，执行当地统一的基本养老保险缴费比例。从事非农业生产职工的个人缴费，原则上以本人上年度月平均工资为基数；从事农业生产的职工，缴费基数可按本省农垦企业平均工资核定，缴费方式可以采取按月申报，按月或按季、收获季节缴纳。农垦企业单位缴费根据企业具体情况核定。从事非农业生产的，原则上以单位工资总额作为缴费基数；从事农业生产的，可采取与土地耕作面积挂钩等办法合理核定，以保证基金收入的稳定增长。

问：国家对拨给华侨农（林）场的专项经费有何规定?

答：自 1985 年以来，华侨农场逐渐由中央和省管理下放到由所在地政府管理。中央财政从“七五”计划起，每年安排华侨事业费和基本建设投资等专项资金，各有关省、自治区也相应安排配套资金扶持华侨农（林）场。《中华人民共和国归侨侨眷权益保护法实施办法》规定：任何组织和个人不得挪用、截留或者私分各级人民政府核拨给华侨农（林）场的专项经费。

问：为保护华侨农（林）场合法土地权益出台了哪些政策举措？

答：一是积极推进华侨农场土地确权登记工作，拟采用由华侨农场自行提供符合条件的测量、调查图件资料，登记机关认可后可直接办理登记，不再收取登记费用，以解决华侨农场办理土地登记经费困难问题。二是依法调处涉及华侨农场的土地权属争议案件，加大对土地侵权的执法力度，对于发现的确侵占华侨农场土地的案件要在规定时限内受理并办结，及时纠正土地违法行为。三是对于符合国土资源部《关于当前进一步从严土地管理的紧急通知》规定条件的建设项目，涉及使用华侨农场土地的，在依法收回国有土地使用权时，要依法办理农用地转用审批手续，并参照《国务院关于深化改革严格土地管理的决定》《关于完善征地补偿安置制度的指导意见》规定的征收集体土地安置补偿标准，帮助以务农为主的农场职工恢复生产生活。四是大力宣传“谁用地、谁受益、谁申报”的原则，提高华侨农场主动申请办理土地登记的积极性。

近期出台的主要政策有:《国务院关于推进华侨农场改革和发展的意见》、国务院侨务办公室等10部门《关于进一步推进华侨农场改革和发展工作的意见》《国土资源部、国务院侨务办公室关于做好华侨农场土地保护和开发利用工作的意见》。

问：关于华侨农（林）场救灾和低保工作有何相关政策？

答：2008 年 3 月 24 日民政部、国务院侨办联合印发了《关于进一步做好华侨农场救灾和低保工作的通知》，要求有关省区切实做好华侨农场自然灾害救助和华侨农场困难家庭纳入城乡最低生活保障工作。《通知》要求：

（1）切实落实华侨农场人员救灾政策。各级民政部门要按照国务院要求，将从事农业生产的华侨农场农业户口人员纳入国家自然灾害救济补助范围，切实保障受灾华侨农场人员的基本生活。要按照属地管理的原则，尽快建立与华侨农场的信息沟通渠道和救灾联络机制，修改完善灾情统计、报告系统，摸清人员底数，做好救灾相关基础工作。灾害发生后，市县民政、侨务部门要互相配合，在第一时间掌握、汇总、报告受灾情况，及时发放救灾款物，帮助救灾人员解决生活困难。

（2）加强华侨农场困难家庭低保工作。市、县民政部门要按照属地管理的原则，认真贯彻国务院有关要求，将符合当地低保条件的华侨农场困难家庭纳入城乡最低生活保障范围，符合城市低保条件的纳入城市低保，符合农村低保条件的纳入农村低保，做到应保尽保，切实保障好他们的基本生活。要健全华侨农场低保运行机制，各华侨农场要保证专人负责低保工作，确保低保政策落实到位。

投资兴业

问：华侨在国内购买房屋有何规定?

答：建设部等6部委2006年7月发布了《关于规范房地产市场外资准入和管理的意见》,《意见》明确规定了“港澳台地区居民和华侨因生活需要，可在境内限购一定面积的自住商品房”“房地产产权登记部门必须严格按照自用、自住原则办理境外机构和个人的产权登记”。北京、天津等地制定了规范境外机构、个人购买商品房的具体意见。例如北京市《关于规范境外机构和境外个人购买商品房的通知》中规定：购买自住商品房，华侨应当提交有效的中国护照、住在国长期居留身份证件及北京市公安局出入境管理处出具的《境外个人在境内居留状况证明》。境外个人在本市购买商品房，一人只能购买一套住宅；在办理预售登记和权属登记时，提交所购商品房符合实际需要自用、自住原则的书面承诺，购买后不得随意出租、转让。

问：证明房屋产权人是华侨身份的主要材料有哪些？

答：（1）华侨在侨居地就业、谋生、定居年月的各种证明材料，包括身份证、居留证、就业和经商的证件，使领馆、侨团、公证机关出具的证明等；

（2）公安派出所户口记载的出国年月；

（3）土改、对私改造和代管时档案、资料记载的房主身份；

（4）国内亲属在1966年前干部自传、职工登记表中填写的海外亲人情况和组织上提供的有关材料；

（5）各级侨务部门了解、掌握的能证实当时身份的材料；

（6）能反映年月日期的海外汇款记载或汇款凭证；

（7）当时的海外来信。

问：如何保护侨资企业专利权?

答：许多侨资企业为知识和技术集中型的企业，能否成功实施知识产权特别是专利保护政策，将直接关系到企业发展的成败。专利权的保护应当注意以下几点：

（1）要及时申请专利。如果企业发明创造了一项能够为自身带来可观的经济效益的知识成果（包括产品和技术），且该产品或技术又很容易遭受仿冒的情况下，应当在该产品投入市场前依据专利法的相关规定，申请并取得专利权。企业在取得专利权后，应当在内部建立完备的专利管理制度，并且根据专利法的规定按时缴纳年费。

（2）如果是通过委托或合作的方式取得的技术成果，相关当事人应明确约定专利申请权及专利权的归属，否则，在没有约定或约定不明的情况下，委托开发的专利申请权及专利权应归属于受托方，合作开发的专利成果由各方共有。

（3）要加强对技术核心人员的管理。大多数情况下，企业的专利一般是由员工以职务发明的形式创造的。因此，企业应当注意避免因专利人才的流失而导致的对于本企业专利技术的侵害。企业可以与核心技术人员事先签订“竞争限制协议”和“保密协议”等限制措施，要求核心技术人员在离开企业后的一段时间内不得从事与本企业有竞争关系的工作，并义务为企业保守商业秘密、技术秘密等，同时给予相应的物质赔偿。这些措施都可以在一定程度上保护企业的专利权。

问：华侨在国内设立公司是否属于外商投资企业?

答：根据外商投资企业法律法规的有关规定，华侨在国内投资设立公司、企业的，不属于法律意义上的外商投资企业。但根据《国务院关于鼓励华侨和香港澳门同胞投资的规定》的有关规定，华侨在境内投资举办拥有全部资本的企业、合资经营企业和合作经营企业参照执行国家有关涉外经济法律、法规的规定，享受相应的外商投资企业待遇。

华侨在境内进行其他形式的投资，以及在境内的股息、利息、租金、特许权使用费和其他所得，也可以参照执行国家有关涉外经济法律、法规的规定。

公益事业

问：归侨侨眷和海外侨胞兴办公益事业能否得到保护？

答：各级人民政府应支持归侨、侨眷和海外侨胞兴办公益事业，并在法律规定的范围内为他们兴办公益事业提供方便。

归侨、侨眷和海外侨胞兴办公益事业的合法权益应受到保护，任何组织和个人不得侵犯他们兴办的公益事业；他们按照自己的意愿，在考虑国家需要和法律许可的同时，选择兴办公益事业的具体内容，他人不得随意干扰或破坏；归侨、侨眷和海外侨胞兴办公益事业的投资，他人不得非法侵占、吞并或挪用。

归侨、侨眷及其境外亲友捐赠物资用于公益事业，应当给予减免税收的优惠。

问：侨务部门如何管理华侨捐赠？

答：国务院侨办 2014 年 7 月印发《全国侨办系统华侨捐赠工作管理办法》，各地侨办也积极协调各有关部门制定、完善了一系列华侨捐赠地方性政策法规。目前，全国已有半数以上省份出台了侨捐工作政策法规，明确了职责，为规范侨捐工作提供了制度保障。

问：国家在保护华侨、外籍华人、港澳同胞为教育捐赠的财产方面有何措施?

答：教育部、国务院侨办《关于在中小学校布局调整中注意保护海外侨胞捐赠财产的意见》针对调整中小学布局中涉及华侨、外籍华人、港澳同胞捐赠财产问题，提出如下意见：

（1）统筹规划、分类指导。应根据捐赠学校的特点，区别不同情况，慎重处理。属两个或两个以上行政村合办一所学校的，尽量选择捐赠学校作为新校，撤并其他条件较差的村办学校。捐赠学校因生源不足，占地面积较小，办学条件不如邻近公立村办学校等原因而需撤并的，须事先征得捐赠人的同意，并向当地侨务部门通报。未经捐赠人同意不得强行拆除其捐赠的校舍或其他设施。

（2）在撤并学校的过程中，要注意维护捐赠人的合法权益。华侨、外籍华人、港澳同胞捐建的公益事业属于社会公共财产，涉及撤并的捐赠学校的校产原则上可用作分教点、幼儿园、社区文化活动中心等教育用途或其他文化公益事业用途；对撤并后校产的处理必须征得捐赠人的同意。对暂时未能利用的校舍，应加强管理，防止损坏。学校撤并后，原捐建校舍未拆除的，应继续保留捐赠人的捐赠名誉；已拆除的，应在撤并后的学校中酌情保留捐赠人的捐赠名誉。校舍另作他用，需出租的，使用单位应交付租赁费；需出卖的，必须经过价值评估，原则上应保证原捐资额，租赁费或折价资金需征求捐赠人意见后方可用于新的项目。

（3）进一步加强捐赠项目的引导工作。有关部门今后在安排建造华侨、外籍华人、港澳同胞捐赠的项目时，应符合中小学布局和城市建设规划的要求，充分考虑长期性、稳定性，保证捐赠项目能在较长时期内发挥作用。

问：华侨捐赠款物的用途有哪些?

答：捐赠款物应当用于文化、教育、科学、技术、体育、卫生、侨务、改善环境和其他公益事业，也可以直接用于工农业生产。

人才引进

问：国家在鼓励海外留学人员为国服务方面有哪些措施?

答：人事部、教育部、科技部、公安部、财政部《关于鼓励海外留学人员以多种形式为国服务的若干意见》规定：

（1）鼓励海外留学人员在国内高校、科研院所、国家重点（开放）实验室、工程技术研究中心及各类企业、事业单位受聘兼任专业技术职务、顾问或名誉职务。取得博士学位的海外留学人员可以到国内博士后科研流动站、博士后科研工作站做博士后。

（2）鼓励海外留学人员利用先进科学技术、设备和资金等条件，与国内高等学校、科研院所、企业单位进行合作研究。合作研究可以采取个人与单位、个人与个人或单位与单位的合作形式进行。研究工作可以在国外，也可长期或短期回国内进行，国家鼓励留学人员与国内企事业单位合作，在国内或国外建立合作研究开发基地。

（3）鼓励海外留学人员接受国内委托的科研项目，在国外开展研究、开发活动；也可委托国内有关研究单位、团体，开展接受国外科研项目的研究开发工作。

（4）鼓励海外留学人员以专利、专有技术、科研成果等在国内进行转化、入股，创办企业；或以专有知识、技能、信息等开办专业性咨询公司；可以自有资金或引进资金在国内投资。

（5）鼓励海外留学人员依托海外的科研、教育、培训机构等条件，与国内有关单位合作或接受委托，帮助国内用人单位培养人才。

（6）鼓励海外留学人员到西部地区从事技术引进、科技考察、咨询服务，开展各种学术、技术交流活动，国家按有关规定予以资金支持。

（7）鼓励海外留学人员在国内注册中介机构，为国内引进外资、技术、项目等提供中介服务；联系外国专家来中国举办各种学术技术交流活动，建立与国外学术技术团体的联系，开展科技经济方面的国际交流与合作；在国外建立从事为国内产品开拓国际市场推介营销等中介服务。

除上述方式外，鼓励留学人员在服务实践中创造更多的方式为国服务。鼓励海外留学人员专业团体、学术技术协会、联谊会等社团组织发挥集体优势，开展为国服务的各种活动。

问：留学人员回国工作方面有何政策?

答：国家为海外留学人员为国服务活动提供的政策保障措施主要有：

（1）国家在各学科和技术领域为海外留学人员为国服务提供方便。对在某些学科和专业处于世界领先水平，具有国际竞争力的合作研究开发项目，可按国家现行规定渠道获得经费支持。

（2）按照国际惯例，海外留学人员为国服务的合作单位要给付合理报酬。对短期聘用的留学人员，单位可根据其业绩大小，经双方协商确定协议报酬。对从事中介活动的，可收取中介费或佣金。对合作研究、合资创办企业的，留学人员可以专利、发明、专有技术、管理等要素参与分配。

（3）各地区、各部门和用人单位根据人才需要和财力可能，适当拨出专款对留学人员为国服务活动给予一定的经费支持。对从事国家重点研究项目和短期回国服务的留学人员，根据承担的项目和任务，经申请批准，国家或地方政府及用人单位给予适当经费投入。

（4）保护海外留学人员的知识产权。保障留学人员在专有知识、技术专利、科研成果或合作和委托研究开发的科研成果等方面享有的知识权益。个人科研成果在知识产权收入分配中所占份额预先与合作单位商定，留学人员按有关规定分享。所得税后收入可兑换成外汇汇出境外。

（5）国家支持各地区、各部门和用人单位为海外留学人员为国服务创造良好的工作和生活条件。鼓励到国内各经济开发区、高新技术开发区、留学人员创业园进行科技开发和科研成果转化，享受优惠政策。在国内创办企业的，各有关部门给予必要支持，在企业注册、土地使用、工商、税务、商检等方面，简化手续，减少环节，提供服务。

（6）对在华任职的留学归来人员中的外籍高科技、高层次管理人才可以提供入出境便利。对需多次临时入境人员，可根据实际需要发给有效期1年以上，5年以内的多次入境有效“F”签证，对需在华常住人员，可根据实际需要发给1年以上，最长不超过5年的外国人居留证，对需要多次出入境的，同时发给与外国人居留证相同期限的多次返回“Z”签证；对申请在华定居（包括其配偶、未成年子女），可批准同意发给永久有效的外国人居留证。上述人员需提供教育部国际交流与合作司或人事部专业技术人员管理司或各地厅局级人事部门的证明文件。对取得国外长期居留权的，可凭中国护照、副省级市以上政府人事部门证明，在购买住房、子女入学入托及就业等方面享受当地居民待遇。

（7）海外留学人员在国内创办企业、建立合作研究开发基地等，根据需要招聘大学本科以上工作人员，各地人事部门要按照有关政策积极支持帮助，并提供人事代理服务。

问：留学人才引进中，如何界定海外高层次留学人才？

答：2005年3月，国家人事部、教育部、科技部、财政部联合印发了《关于在留学人才引进工作中界定海外高层次留学人才的指导意见》。《意见》规定：

（1）海外高层次留学人才的范围

引进海外高层次留学人才一般是指：我公派或自费出国留学，学成后在海外从事科研、教学、工程技术、金融、管理等工作并取得显著成绩，为国内急需的高级管理人才、高级专业技术人才、学术技术带头人，以及拥有较好产业化开发前景的专利、发明或专有技术的人才。

（2）海外高层次留学人才界定的主要原则

在留学人才引进工作中做好高层次留学人才界定工作，要注意把握好以下主要原则：坚持以科学的人才观为指导；坚持德才兼备原则，把品德、知识、能力和业绩作为衡量人才的主要标准；尊重人才成长规律，把人才的学识、业绩和贡献与其发展潜能相结合；通过实践检验人才，注重业内认可；坚持尊重人才的多样性、层次性和相对性。

（3）海外高层次留学人才界定的条件

①在国际学术技术界享有一定声望，是某一领域的开拓人、奠基人或对某一领域的发展有过重大贡献的著名科学家；

②在国外著名高校、科研院所担任相当于副教授、副研究员及以上职务的专家、学者；

③在世界五百强企业中担任高级管理职务的经营管理专家，或在著名跨国公司、金融机构担任高级技术职务，在知名律师（会计、审计）事务所担任高级技术职务，熟悉相关领域业务和国际规则，有较丰富实践经验的管理人员或技术人员；

④在国外政府机构、政府间国际组织、著名非政府机构中担任中高层管理职务的专家、学者；

⑤学术造诣高深，对某一专业或领域的发展有过重大贡献，在国际著名的学术刊物上发表过有影响的学术论文，或获得过有国际影响的学术奖励，其成果

处于本行业或本领域学术前沿，为业内普遍认可的专家、学者；

⑥主持过国际大型科研或工程项目，有较丰富的科研、工程技术经验的专家、学者、技术人员；

⑦拥有重大技术发明、专利等自主知识产权或专有技术的专业技术人员；

⑧具有特殊专长并为国内急需的特殊人才。

问：留学人员在国外所生子女回国落户有何规定?

答：出国留学人员将其在国外所生子女送回国抚养，可以向其子女拟定居地的公安派出所申报常住户口登记。送回国内抚养的子女拟居住地按以下顺序选择：

（1）其父或母在国内的，在父亲或母亲处；其父母都在国外的，在其父或母原户口所在地的抚养人处。

（2）没有上项条件的，可在其祖父母、外祖父母处。

（3）没有上项条件的，可在其他抚养人处。

申报常住户口时，须提交经我驻该国使馆或领馆认证的在国外所生子女的出生证明及我驻外使馆或领馆开具的其父母身份的证明、子女回国时使用的护照或《中华人民共和国旅行证》。留学人员在国外所生子女回国后欲在其所持《中华人民共和国旅行证》有效期内再出境的，应当在当地申报暂住户口。在其所持《中华人民共和国旅行证》有效期内未出境的，应将暂住户口改为常住户口。留学人员回国后，应将其寄养在国内亲属的子女户口迁到父母处。

问：留学回国人员科研启动基金有何规定?

答：留学回国人员科研启动基金仅用于解决优秀留学人员回国后的科研启动问题，并且原则上只资助一次，不重复资助（极少数优秀拔尖人才除外）。对已获资助后再次出国的留学回国人员，一般也不再资助。

资助对象应为在外留学3年以上并在外获博士学位，或在国内获博士学位后在外留学1年（含1年）以上、45岁以下、回国后从事教学、科研工作的优秀留学回国人员。

未获博士学位，且在外留学1年以下（含1年）的进修生、访问学者，如确有重大科研项目，须经专家特别推荐和评审同意，方可享受资助。

申请人应统一使用教育部制定的《留学回国人员科研启动基金申请表》提交申请，统一由教育部留学服务中心受理包括国家留学基金委派出的各类人员的申请。

问：哪些外籍人才来华合作可享受入境、居留便利的优惠待遇？

答：根据《国务院办公厅转发公安部外交部等部门关于为外国籍高层次人才和投资者提供入境及居留便利规定的通知》（国办〔2002〕32号）精神，凡符合下列条件之一的外国籍人士，可以为其提供入境就业便利：

（1）执行中央或地方政府与外国签署的国家级和省（部）级科技合作项目、重点工程协议等项目的高科技、高层次管理人员；

（2）在企业、事业单位中担任副总经理以上职务或享受同等待遇的高级管理人员和重要专业技术人员；

（3）投资在300万美元以上的人员以及符合上述条件的外国企业或其他经济组织派遣来中国的管理人员和专业技术人员。

符合上述条件的外国籍人士，可以享受以下就业便利：

（1）对持 L、F、X 字签证入境并要求就业的，可在入境后由本人或用人单位向当地劳动保障部门申请，经省辖市劳动保障部门审核报省劳动就业管理中心办理《外国人就业许可证书》和《外国人就业证》。持《外国人就业证》向当地公安机关出入境管理部门申请变更签证，办理 2~5 年有效的外国人居留证件以及相同期限的多次返回 Z 字签证。

（2）《外国人就业证》有效期根据单位聘用期限确定，一次签发不超过 5 年，且不超过外国人所持护照的有效期限和用人单位经营期限或登记注册期限。《外国人居留证》的有效期不超过《外国人就业证》的有效期。

外国企业常驻代表机构首席代表、代表根据《外国企业常驻中国代表机构工作证》期限确定。

问：外籍高层次人才及其配偶和未成年子女如何办理中国的永久居留证?

答：外籍高层次人才及其配偶和未满18周岁未婚子女，本人有意愿办理永久居留手续且符合有关条件的，由人才引进计划执行部门或地方填写登记表和名单，与有关证明文件一并报人力资源和社会保障部专业技术人员管理司审核，人力资源和社会保障部定期向公安部提供名单，公安部通知相关地方公安机关对名单中有关人员受理审发《外国人永久居留证》。

名单中确定的外籍高层次人才仅需提供护照复印件，无须提供奖励证明、科研成果证明等证明材料和健康证明。

高层次人才的外籍配偶仅需提供婚姻证明、健康证明、在国外无犯罪记录的本人书面声明及护照复印件。

未满18周岁未婚外籍子女仅需提供亲属关系证明及护照复印件。

问：我国对华侨、外籍华人专家来华定居工作有何政策？

答：我国对华侨、外籍华人专家回国定居工作的政策有：

1994年国务院办公厅转发人事部、财政部《关于来华定居工作专家工作安排及待遇等问题的规定》；

1995年人事部、国家教委、外交部《关于回国（来华）定居专家工作有关问题的通知》；

2000年人事部《关于鼓励海外高层次留学人才回国工作的意见》；

2007年人事部、教育部、科技部、财政部等16部门联合下发的《关于建立海外高层次留学人才回国工作绿色通道的意见》；

2009年人力资源和社会保障部、公安部、海关总署联合下发的《关于海外高层次留学人才回国工作绿色通道有关入出境及居留便利问题的通知》；

2012年中组部、人社部、公安部、外交部、外专局5部门联合下发的《关于为外籍高层次人才来华提供签证及居留便利有关问题的通知》。

问：留学人员归国后能否享受归侨待遇？

答：出国留学人员包括公派和自费，自费留学生如已在国外定居、就业，未加入外国国籍，应属华侨，他们回国后是归国华侨，可享受归国华侨待遇；公派留学生如逾期滞留不归，已在国外定居、就业，未加入外国国籍，从法律、政策上讲应属华侨，但他们没有履行回国工作等义务，回国后不应享受归国华侨待遇。

问：在海外获得硕士以上学位的留学回国人员，其工龄如何计算？

答：（1）公派出国进修人员和访问学者，在批准出国留学的期限内，国内工资由原单位照发，国内计算工龄。公派出国攻读博士学位的研究生获得博士学位后，在批准攻读博士学位期限内，国内计算工龄。公派出国攻读学位的在职人员，在学习期限内的国内工资待遇按国内同类人员的有关规定办理。

（2）公派留学人员，凡是由原单位发放工资的，其在批准的国外延长学习期间的国内工资照发。未经批准逾期不归的，1 年内停薪留职，1 年后是否保留公职，视不同情况由派出单位决定。根据《行政机关公务员处分条例》，行政机关公务人员违反规定滞留境外不归的，应给予相应行政处分。

（3）在职人员获准自费出国留学的，从出境的下一个月起停发工资，保留公职 1 年。

（4）在职人员自费出国留学回国工作后，出国前工龄可以保留，并与回国后的工作时间合并计算工龄。获得博士学位回国参加工作的，其在国外攻读博士学位的年限，国内计算工龄，工龄计算办法与公派留学人员相同。

（5）在职人员出国攻读硕士学位，获得硕士学位回国工作后，在规定的学习年限内也计算工龄。

中国华侨出版社侨类图书（部分）

序号	书名	作者	定价
1	新时代，新思想，新目标，新征程：华侨华人热议十九大	编写组	18.00
2	前进中的中国侨联（1956–2006）	编写组	158.00
3	华侨与中外关系史	丘进 万明主 编	68.00
4	华侨史概要	赵红英 张春旺 主编	45.00
5	国际移民政策与治理	李其荣 著	68.00
6	世界视野：走出国门的中国新移民	赵红英 张春旺 主编	48.00
7	追逐梦想：新移民的全球流动	张秀明 乔印伟 编著	48.00
8	第 3 次移民潮的兴起和趋势	李路 编著	18.00
9	中国侨联年鉴 2016	中国侨联年鉴编纂委员会编著	450.00
10	中国侨联年鉴 2015	中国侨联年鉴编纂委员会编著	400.00
11	中国侨联年鉴 2014	中国侨联年鉴编纂委员会编著	400.00
12	中国侨联年鉴 2013	中国侨联年鉴编纂委员会编著	480.00
13	中国侨联年鉴 2011	中国侨联年鉴编纂委员会编著	380.00
14	美国华侨华人史	（美）令狐萍 著	75.00
15	缅甸华侨华人史	范宏伟 著	72.00
16	北京侨联志	北京市侨联 编著	68.00
17	贵州侨史	吴筑星 李德生 著	38.00
18	浙江华侨史	周望森 著	35.00
19	浙江华侨史（精）	周望森 著	78.00

20	昆明华侨史	昆明市归国华侨联合会 著	46.00
21	广州台山华侨史	梅伟强 著	38.00
22	徽风皖韵众侨心——安徽归侨口述录	赵红英 康晓萍 主编	26.80
23	潍水侨心：潍坊市归侨口述回忆录	柳松波 编著	68.00
24	报效祖国献青春：吉林归侨口述录	林明江 主编	31.00
25	南通老归侨口述史	《南通老归侨口述史》编撰委员会 著	48.00
26	南通新侨口述史	《南通新侨口述史》编撰委员会 著	200.00
27	泰国归侨英魂录	泰国归侨联谊会编委会 编	35.00
28	五邑华侨义冢与跨洋迁葬	傅健 编著	38.00
29	五邑华侨与中国民族民主革命	张运华 著	35.00
30	江门五邑侨汇档案选编	刘进 李文照 执行主编	110.00
31	华侨抗战影像实录	黄晓坚 编著	88.00
32	世界华商发展报告（2017）	王辉耀 康荣平 主编	32.00
33	中国华侨国际文化交流基地故事	中国华侨历史博物馆 北京大学华侨华人研究中心 编著	80.00
34	南侨机工档案史料选编：云南省档案馆馆藏部分	厦门市华侨历史学会 编	128.00
35	四邑淘金工在澳洲（中、英版共两册）	杨于军 编译	32.00
36	五邑侨乡田野调查	梅伟强 编纂	38.00

联系电话：64443501

投稿信箱：64443056@163.com

图书在版编目（CIP）数据

侨务知识百问百答 /《侨务知识百问百答》编写组编．—北京：中国华侨出版社，2018.8（2021.4 重印）

ISBN 978-7-5113-6996-3

Ⅰ.①侨… Ⅱ.①侨… Ⅲ.①侨务—工作—中国—问题解答 Ⅳ.①D634-44

中国版本图书馆 CIP 数据核字（2018）第 171373 号

● 侨务知识百问百答

编　　者 /《侨务知识百问百答》编写组
责任编辑 / 王　委
责任校对 / 王晓锋
封面设计 / 姜宜彪
版式制作 / 大燃图艺
经　　销 / 新华书店
开　　本 / 889 × 1 194 毫米　1/32　印张：5　字数：46 千字
印　　刷 / 北京天正元印务有限公司
版　　次 / 2018 年 8 月第 1 版　2021 年 4 月第 2 次印刷
书　　号 / ISBN 978-7-5113-6996-3
定　　价 / 15.00 元

中国华侨出版社　北京市朝阳区西坝河东里77号楼1层底商5号　邮编：100028
法律顾问：陈鹰律师事务所　　编辑部：（010）64443056　64443979
发 行 部：（010）64443051　　传　真：（010）64439708
网　　址：www.oveaschin.com　E-mail：oveaschin@sina.com